M000034308

SIMON &
SCHUSTER

LIBROS EN
ESPAÑOL

Gotitas

de **amor** para
mis hijos

Maritza Barton

Simon & Schuster
Libros en Español

SIMON & SCHUSTER
LIBROS EN ESPAÑOL
Rockefeller Center
1230 Avenue of the Americas
New York, NY 10020

DISEÑO POR IRVING PERKINS ASSOCIATES, INC.
PRODUCIDO POR K&N BOOKWORKS INC.

Hecho en los Estados Unidos de América
10 9 8 7 6 5 4 3

Datos de catalogación de la Biblioteca del Congreso;
puede solicitarse información.

ISBN: 0-684-84500-8

Queridos hijos:

*T*al vez hoy no les den demasiada importancia a las palabras que mi corazón les quiere transmitir, pero quizás algún día las vuelvan a leer y saquen de ellas algo útil. Lo primero que les diré es que si alguien quiere a sus hijos con verdadero desinterés, verdadero cariño, es primeramente Dios, y luego su madre. Luego vienen otros amores: el padre, los hermanos, los familiares, abuelos, tíos, etcétera, mas ninguno, por grande que sea, se podrá igualar al de Dios y al de una verdadera madre.

Dios ha creado todo tan perfecto, tan armónico y justo, que otorga el prodigio de la creación a un ser que, a su vez, él creó también. Este ser puede crear porque es algo así como un dios en pequeña escala, muy pequeña; lo único grande o que engrandece es el amor puro, desinteresado y limpio de la madre. No pretendo que lo entiendan, no; eso lleva tiempo, experiencias, fracasos, desilusiones, penas, desengaños. Hasta es posible

5

que no necesiten todo eso para entenderlo; quizás la chispa divina que llevan encendida en su alma así se los haga saber. Mas como depende de la blandura o dureza de ella, ésta va a reaccionar de acuerdo a la belleza del alma también.

No desechen este pequeño libro; sólo va en él mi mayor anhelo de serles útil, como ya les dije, para que en distintos momentos de sus vidas los pueda orientar y guiar. Ustedes son el retoño que comienza a despuntar sus alas para remontar un vuelo que, indudablemente, es necesario para su desarrollo y progreso, mas no quisiera que sufran inútilmente, como tampoco que fracasen. Sólo deseo su triunfo en todos los aspectos y su felicidad.

Somos la creación de Dios; él nos ilumina y nos guía cuando somos lo suficiente humildes como para dejar oír en nosotros su voz y escucharla. Aprendan en el silencio de la oración a sentir la gracia divina de su palabra que les ha de llegar como en un sutil pensamiento, el cual irá inundándolos de paz y armonía.

Para:
Daniel
Guillermo
Brent
Jaimie
María Eugenia

Indice

Queridos hijos

Buscando tu huella

Gotitas

de **amor** para

mis hijos

Amor

Síntesis de todas las virtudes. El que lleva amor dentro del alma y ha sabido almacenarlo, lo derrama a su paso, y aun al gusano sabe verlo hermoso, pues su amor le hace ver y comprender cuán necesario es en la manifestación de la creación divina, entendiendo de ese modo la utilidad de su función bendita.

Si lo comprendes así, sentirás alegría, porque derramarás amor, y la enfermedad y la desgracia se alejarán de tu lado dando paso a la luz divina del Creador, quien es amor.

EXODO 20:6

Y hago misericordia a millares, a los que me aman y guardan mis mandamientos.

Credo

Todos necesitamos creer en algo. Sabemos que hay algo sapientísimo, magnánimo, justo, generoso y lleno de amor que rige el universo, mas con esto sólo no basta. Es obligación de toda criatura racional fortalecerse en la fe. Jesús nos dijo: «Yo soy el camino, la verdad, la vida». Llegamos al Padre, a traves de él reconociendo conscientemente la responsabilidad que se tiene frente a las leyes armónicas que rigen el universo y el respeto a Dios.

HECHOS 16:31

Ellos dijeron: Cree en el Señor Jesucristo y serás salvo, tú y tu casa.

Humildad

La humildad no permitirá hacerte creer sabio, y si eres verdaderamente sabio serás humilde y modesto, pues sabrás que todo se te ha prestado y nada te pertenece. Sabrás escuchar y medirás los consejos y enseñanzas de los que pueden ser tus maestros o amigos.

PROVERBIOS 15:33

El temor de Jehová es enseñanza de sabiduría.
Y a la honra precede la humildad.

Verdad

Que la verdad siempre salga de tu boca. No emplees la palabra para engañar, te podrá servir momentáneamente pero a la larga te hará sufrir las consecuencias.

El que dice la verdad siempre dice lo mismo. El que miente no recuerda lo que dijo anteriormente y cae en su propia trampa.

Si no puedes decir la verdad, abstente.

ROMANOS 1:18

Porque la ira de Dios se revela desde el cielo contra toda impiedad e injusticia de los hombres que detienen con injusticia la verdad.

Prudencia

La prudencia en tus pensamientos, tus palabras y tus actos alejarán de tu vida el arrepentimiento y la vergüenza. La prudencia es hermana de la fraternidad; sabe convivir con todos y todos la respetan y admiran.

PROVERBIOS 10:19

En las muchas palabras no falta pecado, mas el que frena sus labios es prudente.

Responsabilidad

Cada persona trae consigo su responsabilidad. ¿Cuál es la tuya?

Aprende a diferenciar, no olvides tus responsabilidades ni asumas las ajenas, con las tuyas ya tienes bastante. Trata de cumplir para que nadie te deba que observar ni señalar. Contribuirás de este modo a que confíen en ti y te hará sentir seguro ante el deber cumplido.

No dejes para mañana lo que debas hacer hoy.

SALMOS 23:1-2

Jehová es mi Pastor; nada me faltará. En lugares de delicados pastos me hace descansar.

Justicia

El hombre justo es aquel que hace a los demás lo que desearía que le hicieran a él. No juzga, no señala; sabe perdonar las ofensas. Lo invade un sentimiento de disculpa hacia quien lo desprecia o hiere. Ayuda con desinterés a quien sea, disimula y calla las fallas ajenas, cumple con sus compromisos y con sus promesas. Su palabra será oída y respetada.

JEREMIAS 5:1

Recorred las calles de Jerusalén y mirad ahora, e informaos, buscad en sus plazas a ver si halláis hombre, si hay alguno que haga justicia, que busque verdad, y yo la perdonaré.

Palabra

Si tu boca no se abre para decir algo bueno de los demás, más vale que permanezca cerrada. Aprende a decir sólo lo que construye; no lisonjees, es deshonesto. No te burles de nadie, podrías sin darte cuenta estar burlándote de tus propios defectos. Que tu palabra sirva para atemperar, no para señalar.

PROVERBIOS 10:14

*Los sabios guardan la sabiduría, mas la boca
del necio es calamidad cercana.*

Respeto

Comienza por respetar a Dios, a tus padres, hermanos, familiares, vecinos, compañeros, ancianos y niños. A tus padres, pues es deber de buen hijo. A tus hermanos, pues los lazos sanguíneos ayudan a limar asperezas. A los familiares, como los abuelos, que te miran con benevolencia, mayor aun que la con que miraron a tus padres. A tus padres políticos que las circunstancias pusieron en tu vida, respétalos y agradece cuanto hagan por tu bienestar. A los niños, pues su inocencia y pureza los tiene más cerca de Dios.

SALMOS 22:22

Anunciaré tu nombre a mis hermanos, en medio de la congregación te alabaré.

Generosidad

En la vida hay que saber dar y también recibir. Si das, lo que sea, será con amor y desinterés. Si vas a dar porque esperas recibir, no tendrá valor ni mérito tu dádiva, ya que va envuelta en egoísmo e interés; es preferible que te abstengas. Aprende a dar todo cuanto puedas, pero sobre todo, afecto, amor, simpatía y alegría, que son los verdaderos tesoros del alma. Cuando en cambio seas tú quien recibe, aprende a valorar el esfuerzo y muéstrate agradecido con sinceridad.

SANTIAGO 1:17

Toda buena dádiva y todo don perfecto desciende de lo alto, del Padre de las luces, en el cual no hay mudanza, ni sombra de variación.

Codicia

Es importante que aprendas a valorar lo necesario de lo superfluo. Un deseo moderado de las cosas materiales mantendrá a tu espíritu en equilibrio; alejarás la ansiedad y la desesperación, trabajarás con moderación y emplearás el fruto de tu esfuerzo con moderación, sin excesos, ni en guardar ni en gastar, buscando la armonía y el término medio.

Si para obtener algo material tuvieras que perjudicar a otro, más vale que lo pierdas. Vale más una conciencia limpia que todo el oro del mundo.

PROVERBIOS 11:24

Hay quienes reparten, y les es añadido más. Y hay quienes retienen más de lo que es justo, pero vienen a pobreza.

Caridad

Cuando seas caritativo, que tu mano izquierda no sepa lo que dio la derecha. Que tu caridad no sea ofensiva, y que todo cuanto des en tu vida sea con desinterés, sin esperar gratitud ni recompensa, ya que no sabes si lo que estás dando no sea, quizás, lo que hayas recibido en otra oportunidad por otros.

PROVERBIOS 11:25

El alma generosa será prosperada, y el que saciare, él también será saciado.

Agradecimiento

Cada día que amanezca será de agradecimiento a Dios, a tu familia y a los que te rodean. El agradecido sabe valorar desde las más insignificantes muestras de atención, hasta las más demostrativas de ellas. No olvides a quien te ha cuidado o ayudado o te ha dado alguna vez muestra de su afecto.

Si tu corazón es generoso, sabrás valorar esto; si no sabe ser agradecido, pecarás de egoísta. Trata siempre de devolver el bien recibido y no estarás en deuda.

SALMOS 18:46

Viva Jehová y bendita sea mi roca. Y enaltecido sea el Dios de mi Salvación.

Cólera

Nunca, por ningún concepto, darás rienda suelta a la cólera. Ella atrae la desgracia, el arrepentimiento, la vergüenza y la burla de los que te ven y escuchan; te desacredita, inspirando en los que te conocen, la falta de respeto, de confianza, de simpatía. Si no la controlas, serán muchos tus enemigos, ya que la cólera vuelve loco a los más cuerdos, pues en ese estado de desquicio se pueden cometer las injusticias más atroces.

PROVERBIOS 15:1, 4

La blanda respuesta quita la ira. La lengua apacible es árbol de vida.

Debilidades

No caigas en ninguna debilidad viciosa: ni el tabaco, ni la bebida, ni el juego, ni las drogas, ni la pornografía. No traen la felicidad que prometen. Es la vil mentira disfrazada, para hacerte perder lo que ya pudiste ganar. Los vicios no muestran sus faces horrorosas de enfermedad, dolor y locura, mas se encargarán poco a poco, para llegar a doblegar tu voluntad y hacerte de ellos su miserable siervo. Si te tientan, recházalos de primer instante y no volverán.

ECLESIASTES 1:17

Y dediqué mi corazón a conocer la sabiduría y también a entender las locuras y los desvaríos; conocí que aun esto era aflicción de espíritu.

Estudio

Siempre es momento y tiempo para estudiar una carrera, profesión u oficio. Permitirás que tu vida siempre sea útil a la sociedad, a tu familia y a ti mismo. No seas un parásito; prepárate en lo que más convenga a tu temperamento para servir a los designios de Dios y a tu progreso.

ECLESIASTES 3:22

Así, pues, he visto que no hay cosa mejor para el hombre que alegrarse en su trabajo, porque ésta es su parte, porque, ¿quién lo llevará para que vea lo que ha de ser después de El?

Trabajo

Lo que sea, hasta lo más humilde, es necesario hacerlo con amor, alegría y responsabilidad, poniendo tu mayor esfuerzo. Cuando lo realices, pon tu mejor disposición. No solamente te hará sentir útil y feliz, sino que lograrás que te estimen y respeten.

PROVERBIOS 22:29

¿Has visto hombre solícito en su trabajo?
Delante de los reyes estará. No estará delante
de los de baja condición.

Amigos

Aprende a diferenciar las buenas amistades de las que no lo son. Si los que dicen ser tus amigos te muestran malos ejemplos con sus conductas, como: vicios y como faltas a la familia o a la sociedad, y te inducen a hacer daño, diciendo que son sólo travesuras, apártate cuanto antes sin mostrar desprecio; basta con hacerles saber que no compartes sus ideas. Muestra firmeza y seguridad.

PROVERBIOS 17:17

En todo tiempo ama el amigo y es como un hermano en tiempo de angustia.

Urbanidad

Muestra tus buenos modales donde sea: en tu trabajo, en tu escuela. Un saludo amable; una sonrisa a quien te quiere, a quien te mire. Abrir la puerta para ceder el paso, ofrecer un asiento a quien sea, pedir permiso cuando sea necesario y dar las gracias, son buenos ejemplos de cortesía y urbanidad.

PROVERBIOS 2:1, 2, 6, 7, 12

Hijo mío, si recibieres mis palabras y mis mandamientos guardares dentro de ti, haciendo estar atento tu oído a la sabiduría; si inclinares tu corazón a la prudencia. Porque Jehová da la sabiduría y de su boca viene el conocimiento y la inteligencia. El provee de sana sabiduría a los rectos, para librarte del mal camino de los hombres que hablan perversidades.

Vestimenta

Siempre que demuestres sobriedad en tus gustos, un aspecto aseado, no sólo reflejarás madurez y seguridad de tu persona, sino que también contribuirá a que donde te presentes por trabajo, en sociedad o donde fuera, inspirarás respeto y confianza. Tu primera impresión a los que te miran, en muchas ocasiones ha de ser importante para tu estima y respeto.

ECLESIASTES 9:8

*En todo tiempo sean blancos tus vestidos, y
nunca falte ungüento sobre tu cabeza.*

Alimentación

Serás moderado en servirte en la mesa. Tu plato no se excederá. De este modo, tu estómago no sufrirá las consecuencias de la glotonería o la gula. Tus alimentos serán metódicos en horarios si es posible. Evitarás alimentos de carne, prefiriendo en todo caso más los vegetales y sus derivados. Contribuirás con la salud de tu cuerpo, que has de cuidar como tesoro valioso, pues es el templo del Espíritu Santo.

LEVITICO 20:25

Por tanto, vosotros haréis diferencia, entre limpio e inmundo, y entre ave inmunda y limpia, y no contaminaréis vuestras personas con los animales, ni con las aves, ni con nada que se arrastra sobre la tierra, los cuales he apartado por inmundos.

Oración

Esta será tu compañera en todos los momentos libres. No busques a Dios sólo en la necesidad o el dolor; no sería justo. Es bueno que él participe también de tus alegrías y triunfos. Recuerda siempre que es tu mejor abogado, y ante él la oración es tu mejor aliada.

Ora por la salud que tienes, el trabajo, la familia y todo lo bueno. Y si el dolor te aflige, aférrate a la oración con verdad, amor y fe, que Dios oirá siempre tu oración.

SALMOS 39:12

Oye mi oración, oh Jehová, y escucha mi clamor. No calles ante mis lágrimas, porque soy forastero para ti, y advenedizo, como todos mis padres.

Diversión

El esparcimiento es necesario para tu cuerpo y tu alma, mas procura que éste sea sano y limpio, para que favorezca tu salud física y psíquica, ya que cuando se abusa o se degrada, se convierte en incomodidad y tormento, dejándole un sentimiento de tristeza en lo que debió ser alegría.

SANTIAGO 5:13

¿Está alguno entre vosotros afligido? Haga oración. ¿Está alguno alegre? Cante alabanza.

Salud

Cuidarás de tu salud como una joya preciosa; si la perdieras no te sería fácil recuperarla. Un consejo te doy: que cuando aprendas a alimentar tu cuerpo y espíritu, éstos serán los mejores conservadores de tu salud. Mantén el control sobre tus emociones para que éstas no disturben tu salud, entonces la serenidad reinará en tu cuerpo. No serás esclavo del dolor.

HECHOS 3:16

Y por la fe en su nombre, a éste que vosotros veis y conocéis, le ha confirmado su nombre; y la fe que es por él ha dado a éste esta completa sanidad en presencia de todos vosotros.

Enfermedad

Las enfermedades son a veces necesarias, pues sirven como expulsoras de las miasmas nocivas que el organismo fue acumulando. Recibe la prueba de la enfermedad con calma y fe en nuestro Padre. No sólo ayudará a que saldes alguna deuda por extravagancia o por transgredir la ley armónica, sino que también te ayudará a sensibilizar tu corazón y tu alma hacia los que sufren, los enfermos. El dolor a veces es necesario para comprender mejor a nuestros hermanos.

SAN LUCAS 4:40

Al ponerse el sol, todos los que tenían enfermedades los traían a El; y El, poniendo las manos sobre cada uno de ellos, los sanaba.

Prosperidad

Si la prosperidad inunda tu casa, servirá para contribuir y calmar la necesidad de tus hermanos. No pasará por tu lado nadie que necesite de ti, sin que le tiendas la mano fraternal y desinteresada.

No olvidarás en la abundancia a aquéllos que te favorecieron. Si no son tan afortunados como tú, demuestra el mismo interés y socórrelos en todo lo que puedas, sin ostentación.

SAN MATEO 19:23, 24

Entonces Jesús dijo a sus discípulos: De cierto os digo, que difícilmente entrará un rico en el reino de los cielos. Otra vez os digo, que es más fácil pasar un camello por el ojo de una aguja, que entrar un rico en el reino de Dios.

Adversidad

Aunque duela a veces, es más fácil manejar la adversidad que la prosperidad, pues aquélla no incentiva ni el orgullo, ni el egoísmo. Es más fácil ser generoso siendo pobre que siendo rico. Activa los recursos de la inteligencia y la creatividad, haciendo como los árboles en primavera. La templanza y la serenidad serán tus amigas. La desesperación te hará perder los pocos recursos que puedas poseer. No permitas que la adversidad arruine el vuelo de la esperanza y la fe.

SALMOS 46:1

Dios es nuestro amparo y fortaleza, nuestro
pronto auxilio en las tribulaciones.

Orgullo

La mayoría de las ocasiones, demuestra la persona orgullosa una inseguridad de sí mismo. El peligro de sobrevalorarse puede crear a su alrededor un efecto contrario a lo que busca. Generalmente la persona orgullosa es criticada desfavorablemente y de poca credibilidad. Ningún sabio ha sido orgulloso; aun el más sabio ha considerado que su conocimiento es limitado; porque verdaderamente así lo es. Cuando entiendas lo pequeño que eres y cuánto tienes que aprender, entenderás en ese momento que el orgullo es un enemigo del crecimiento espiritual.

PROVERBIOS 26:12

¿Has visto al hombre sabio en su propia opinión? Así es el necio que repite su necedad.

Pereza

La pereza es enemiga del progreso. La pereza no permitirá tu crecimiento ni espiritual, ni material; por lo tanto combátela en todo momento. También es enemiga de la paz, de la felicidad, y contribuirá a tu pobreza.

PROVERBIOS 6:6–8

Ve a la hormiga, oh perezoso, mira sus caminos y sé sabio. La cual no teniendo capitán, ni gobernador, ni señor, prepara en el verano su comida y recoge en el tiempo de la siega su mantenimiento.

Mentira

Si la mentira sale de tu boca, no solamente te hará sentir mal por lo que has dicho, sino que no recordarás lo que has dicho. Esta te hará caer en tu propia trampa y hará que todos duden de ti aun diciendo la verdad. No mientas por ninguna razón.

PROVERBIOS 6:16–17

Seis cosas aborrece Jehová, y aun siete abomina su alma: los ojos altivos, la lengua mentirosa...

Rebeldía

Rebelarse a las leyes o a las reglas morales de buena conducta, traerá oprobio y descontento en ti. La amargura colmará tu corazón. Razona antes de rebelarte, recibe buenos consejos, sé prudente y ecuánime. La rebeldía trae enemigos.

PROVERBIOS 17:11–12

El rebelde no busca sino el mal; y el mensajero cruel será enviado contra él. Mejor es encontrarse con una osa a la cual han robado su cachorros, que con un fatuo en su necedad.

Violencia

Esta es la madre de la injusticia. Trata siempre de calmar y atemperar tu espíritu, ya que la violencia es enemiga de la justicia. Te hará cometer errores graves, los cuales siempre llevan al arrepentimiento. No permitas que la violencia salga de tus manos o de tu boca.

PROVERBIOS 19:19

Grande ira llevará a la pena, y si usa de
violencia añadirá nuevos males.

Venganza

No necesitas tomar venganza contra ninguna ofensa. No albergues raíces de amargura ni de venganza en tu corazón. Esto te destruirá a ti y te hará más daño a ti que al que quieres vengar. Esto es un sentimiento muy pobre y muy bajo. No tomes nunca tu venganza de aquel que te ha hecho daño, de aquel que te ha ofendido; déjalo que Dios tome su venganza. Muéstrate firme, sereno y confiado que la justicia llegará. No te apresures en tomarla en tus manos; ese castigo no te pertenece a ti. Tú no eres juez. Aprende a perdonar, aunque grandes sean las ofensas.

JEREMIAS 50:15

Porque es venganza de Jehová. Yo me vengaré, espera en Jehová y El te salvará. No digas «yo me vengaré», espera, El te salvará.

Juicio

No seas presuroso en juzgar. No te guíes por las apariencias que a veces engañan. Sé consciente de que el juzgar puede llevarte a equivocar en tu apreciación. A veces creemos una cosa que está muy lejos de ser la verdad.

PROVERBIOS 23:11

Porque el defensor de ellos es el fuerte, el cual juzgará la causa de ellos contra ti.

Envidia

La envidia es un sentimiento que corroe el alma, agrieta el corazón, enferma el espíritu y la mente. No sientas envidia de nadie, y agradece todas las bendiciones que Dios te ha dado.

PROVERBIOS 23:17

No tenga tu corazón envidia de los pecadores, antes persevera en el temor de Jehová todo el tiempo.

Riqueza

Si Dios no te ha dado riquezas, sé agradecido con lo que tienes. Pero si Dios te ha prosperado y te ha dado riqueza; aprende a usarla sabiamente. No seas codicioso, ni tampoco seas avaro. Usa prudentemente esa riqueza con fines beneficiosos para los que te rodean, y Dios te va a bendecir grandemente y te va a seguir reproduciendo tu riqueza. Tampoco hagas mal uso a la riqueza, no sería justo; pues esta bendición que Dios te ha dado de prosperidad pudiera convertirse luego en un tormento para tu vida.

PROVERBIOS 23:4–5

No te afanes por hacerte rico, sé prudente y desiste. ¿Has de poner tus ojos en las riquezas, siendo ningunas? Porque se harán alas como las alas del águila y volarán al cielo.

Robo

Nunca lo hagas, por ninguna razón; ni aun en los momentos de mayor dificultad. Si tienes hambre o necesidad alguna, pide. Dios te va a proveer. Dios protege a los justos, jamás protege a un ladrón.

PROVERBIOS 22:22–23

No robes al pobre, porque es pobre, ni quebrantes en la puerta al afligido, porque Jehová juzgará la causa de ellos.

Temor

Hay muchas clases de temor, pero más que temor es el respeto: respeto a tus responsabilidades como hijo, como hermano, como ciudadano. No es el temor que anula, sino el temor que edifica, que construye. Es el temor de respeto hacia tus obligaciones y hacia la responsabilidad que tienes frente a Dios. Es importante que escuches los consejos de tus padres que te aman y de aquellos que verdaderamente sientan respeto y amor hacia ti.

PROVERBIOS 1:8–9

No desprecies la dirección de tu madre; oye, hijo, la instrucción de tu padre, porque adorno de gracia serán a tu cabeza.

Bendiciones

Esta palabra encierra gran poder, porque la primera bendición fue dada por Dios a toda la creación, y si tú te consideras hijo de Dios recibe esa bendición y bendice siempre todo lo que está a tu alrededor; cada cosa que vayas a hacer, tocar, comprar o realizar, bendícela siempre. La bendición trae muchas satisfacciones, alegrías, prosperidad. No dejes de bendecir tu familia, casa, tu trabajo.

PROVERBIOS 3:33

*Nunca Jehová está en la casa del impío, pero
bendecida la morada de los justos.*

Alegría

Este es un don divino que debemos de practicar en todo momento, aun en la adversidad. Porque si amamos las cosas buenas y los momentos fáciles los disfrutamos, tenemos que también agradecer las dificultades, y ese sentimiento de alegría no nos debe de abandonar nunca. Dios ama la alegría, y tú eres un hijo de Dios.

PROVERBIOS 10:28

La esperanza de los justos es alegría.

Mentira y fraude

La mentira y el fraude caminan juntos. Apártate de los dos. Nunca uses el fraude para enriquecerte o para ningún tipo de transacción. Esto haría perder todo lo que has ganado. No te dejes tentar por el fraude. No va a traer riquezas, ni paz a tu alma; todo lo contrario, hará de ti una persona con gran sentimiento de culpa, y perderás la paz.

PROVERBIOS 11:1

El peso falso es abominación a Jehová.

Confusión

Muchas veces en la vida podemos sentirnos confundidos. Ante la duda, consulta a los que puedan saber más que tú. Las personas de confianza como tus padres, tus abuelos, parientes más cercanos, tu pastor, tu médico, pueden quizás ayudarte en la confusión que te encuentres. Analiza bien los consejos que sean dirigidos siempre de aquellos que sabes que verdaderamente te quieren. Si no encuentras esa ayuda, entrégale tus problemas a Dios orándole y pidiéndole que te ayude en ese proceso de confusión para que te dé entendimiento y sabiduría. Esta puede perturbarte momentáneamente, pero si tú confías en Dios y oras con fervor pidiendo asistencia divina, como tinieblas de la noche desaparecerá dando lugar a la luz radiante del día. Confía en Dios ante la confusión, no te desesperes y pide sanos consejos de quienes te aman, y la confusión desaparecerá como desaparece la oscuridad ante el sol.

SALMOS 31:1

No sea yo confundido jamás, y líbrame Señor.

Fidelidad

La fidelidad es una virtud que nos bendice, ya que es amiga de la confianza. El hombre o la mujer fiel, son dignos de respeto y de aprecio. Ser fiel a la familia, la patria, la esposa, el esposo, es una virtud que engrandece el espíritu. Dios bendice la fidelidad; por lo tanto los hombres y mujeres que son fieles a su familia o tradiciones son considerados muy especialmente.

2 TIMOTEO 2:13

Si fuéramos infieles, El permanece fiel; El no puede negarse a sí mismo.

Adoración

No te postres delante de nadie. Ningún ser, ni aun tu madre, ni tu hijo, ni tu padre, ni tu esposa, ni los bienes terrenales que poseas, merecen adoración, ya que todo es transitorio y es pasajero. Debes de tener respeto y amor por lo que te rodea, pero adorarás solamente a Dios.

SALMOS 66:4

Toda la tierra te adorará y cantará.

Honra

Uno de los primeros mandamientos es «Honrarás a tu padre y a tu madre». También el rostro del anciano. Es muy importante respetar y honrar a la familia, a los que nos rodean, a la propiedad ajena, a todo lo que no nos pertenece. El hombre y mujer que saben honrar, respetando el derecho de los demás, van a ser también respetados y amados.

EXODO 20:12

Honra a tu padre y a tu madre, para que tus días se alarguen en la tierra que Jehová tu Dios te da.

DEUTERONOMIO 5:16

Honra a tu padre y a tu madre, como Jehová tu Dios te ha mandado, para que sean prolongados tus días, y para que te vaya bien sobre la tierra que Jehová tu Dios te da.

Insensatez

El insensato, al igual que el necio y el insolente, no merece confianza de nadie. Cuida de no cometer insensateces, que luego tengas que arrepentirte. Lo que a veces parece un estado de locura no es otra cosa que la insensatez, que va a ser despreciada por aquellos que te miran; luego te criticarán grandemente. Si alguien a tu alrededor comete insensatez, hazle ver que ésta no edifica y por el contrario destruye. Detente ante una medida insensata y detén también si puedes al que está cometiendo una insensatez. Cuida tu vida, porque eres un hijo privilegiado de Dios.

ECLESIASTES 7:17

No hagas mucho mal, ni seas insensato.

Consejo

Saber escuchar un consejo es de sabios; pero saber discernir de dónde viene el consejo es más sabio aun. Así que cuando alguien te dé un consejo, analiza bien con qué intención viene. Hay consejos que vienen dados con amor pero no con sabiduría, y hay consejos que no son tales sino que quieren más tu fracaso que tu bienestar. Ante un consejo siempre es importante pedir discernimiento al Señor para que te ilumine y para que veas cuál es el verdadero camino ante cualquier duda. El mejor consejero lo encontrarás en medio de la oración y la calma de tu espíritu; allí es donde podrá hablarte el Señor.

SALMOS 1:1

Bienaventurado el varón que no anduvo en consejo de malos, ni estuvo en camino de pecadores, ni en silla de escarnecedores se ha sentado.

Enemigos

A lo largo de tu vida encontrarás enemigos. Aquéllos que quieran ver tu fracaso, aquéllos que quieran destruirte y muchas veces sin razón, ya que la envidia es uno de los alimentos potentes que usa el enemigo para hacernos daño. Estas son piedras que encontrarás en el camino; a veces te producirán mucho dolor, pero si tienes fe y confianza en Dios, él se encargará de tus enemigos.

SALMOS 6:10

Se avergonzarán y turbarán mis enemigos.

Arrepentimiento

Que tu actuación sea la correcta para que no tengas que arrepentirte; pero si ese arrepentimiento es sano y reconoces tus faltas, esto permitirá tu crecimiento espiritual. El arrepentido normalmente siente dolor y tristeza. El arrepentimiento es amigo del cambio y lo más importante es aceptar el error cometido.

SAN LUCAS 15:7

Os digo que así habrá más gozo en el cielo por un pecador que se arrepiente, que por noventa y nueve justos que no necesitan de arrepentimiento.

Vergüenza

Si no cometes ningún acto inmoral como robar, matar u algo que pudiera avergonzarte a ti y a los tuyos, vas a sentir paz. Si algo haces en contra de los demás, ya sea cualquier acto delictivo, bochornoso o inmoral, esto traerá vergüenza a ti y a los tuyos; por lo tanto detente. La vergüenza es un sentimiento de tristeza muy profundo y de dolor muy grande. Que Dios permita que nunca tengas que avergonzarte de tus palabras o tus actos.

APOCALIPSIS 3:18

*Que no se descubra la vergüenza de tu
desnudez.*

Celo

Si en algún momento sientes celos por el triunfo de alguien, por la belleza de alguien o porque consideras que es mejor que tú o tiene más que tú, estás equivocado. Aprende a valorar tu belleza interior, tu amor hacia los demás y la capacidad que tiene tu espíritu de ver en ti la grandeza del Señor. No permitas ese sentimiento, que lo único que trae consigo es desgracia, dolor y tristeza. En cambio reparte amor, esto te dará paz, y disfruta del bienestar de los demás, te dará alegría. Cuando alguien te provoca con sus triunfos, agradece a Dios del triunfo de aquellos que han logrado algo, quizás con mucho esfuerzo. Trata tú de esforzarte también, y es posible que logres otros triunfos en otras áreas, de los cuales te sentirás muy bien.

PROVERBIOS 6:34

Porque los celos son el furor del hombre.

SANTIAGO 3:14

Pero si tenéis celos amargos y contención en vuestro corazón, no os jactéis ni mintáis contra la verdad.

Ayuno

*E*sto puede ser una bendición para tu salud. Deja descansar a tu cuerpo, que es el templo del Espíritu Santo. Bebe jugos naturales o mantente en fruta un día o dos a la semana. El regalo más precioso lo conseguirás con este sacrificio, es la salud. La salud se pierde de tanta contaminación y de tanto abuso que cometemos con este precioso cuerpo.

SAN MATEO 4:2

Y después de haber ayunado cuarenta días y cuarenta noches, tuvo hambre.

Piedad

Siente piedad por los que sufren, por los que lloran, por los que tienen sed y hambre de justicia. Piedad por aquéllos menos afortunados que tú. Por aquéllos que fueron desterrados de su tierra. Por aquéllos que han perdido la salud, el trabajo o la fortuna. Por aquellos desvalidos. Ten piedad por los débiles, por los presos, por los enfermos. Cuando tú sientas esa misericordia hacia aquéllos más necesitados, estarás más cerca de Dios.

SALMOS 51:1

Ten piedad de mí, oh Dios.

Administración

El hecho de administrar tus bienes, requiere sabiduría. Saber administrar es un don que si no lo posees, pídeselo al Señor. No derroches aun sobrándote. Aprende a distribuir tus ganancias de manera sabia. No seas egoísta, pero tampoco un despilfarrador. Sé prudente y medido con cada uno de tus bienes y agradece a Dios por poseerlos para que nunca te falten, y puedas ayudar a los que necesiten de ti.

1 CORINTIOS 4:1

Así, pues, tengamos los hombres por ser servidores de Cristo y administradores de los misterios de Dios.

Temor

Este sentimiento puede anular nuestra iniciativa y también puede opacar el crecimiento. Si tú eres un hijo de Dios, no temas emprender cosas que edifiquen, que construyan. No temas el progreso, no temas aprender o mejorar. Confía en Dios tus fuerzas, tu capacidad y tu inteligencia y el temor va a desaparecer. El temor es un sentimiento destructivo; no permitas que envada tu espíritu. Ponte firme en tus propósitos de trabajo, o de empresas, siempre que éstos estén en línea directa con la justicia, con la verdad.

DEUTERONOMIO 1:21

Toma posesión, no temas ni desmayes.

DEUTERONOMIO 1:29

Dije: No temáis, no tengáis miedo de ellos.

Servicio

Cuando vayas a servir, hazlo con diligencia, con entusiasmo y con alegría. El servir a los demás en momentos de apuro y necesidad puede ser muy gratificante al espíritu.

Poder

El poder, ya sea como autoridad o económico, puede hacer de ti una persona muy valiosa, pero también ese poder puede ser abusivo si el orgullo predomina. Usa tu poder con sabiduría, con justicia. No permitas que el orgullo o la vanagloria te inunden en ningún momento. Que ni tu corazón ni tu espíritu se manchen con estos pecados, que a la postre crearán a tu alrededor mucho contratiempo y disgusto.

EXODO 9:16

Yo te he puesto para mostrar en ti mi poder.

EXODO 14:17

Que sea yo magnificado en el poder del Señor.

Olvido

Muchas veces es importante saber olvidar, especialmente las ofensas; mas nunca olvides tus obligaciones y responsabilidades, y tampoco te olvides nunca que Dios está mirándote permanentemente con ojos de amor.

GENESIS 27:45

Tu hermano olvida lo que le has hecho.

DEUTERONOMIO 4:23

No os olvidéis del pacto de Jehová.

Perdón

El perdón es un don divino. Si alguien te hiciera daño, perdónalo. Este don engrandece al que lo practica de verdad. Muchos dicen: «Yo perdono pero no olvido». No cometas este error. Perdonar es olvidar las ofensas. Acaso has pensado cuántas veces han tenido que perdonarte a ti. No lo olvides.

GÉNESIS 50:17

Te ruego que perdones ahora la maldad.

SALMOS 25:11

Perdonarás mi pecado, que es grande.

Lisonja

Cuando quieras halagar a alguien, hazlo de corazón, no solamente con la boca. Si no sientes de verdad que se merece, es preferible que te calles. Lisonjear falsamente es mentir, y la mentira tiene un sabor muy amargo. Es preferible que no digas nada si tu lisonja no va hecha con verdadero amor y verdad.

PROVERBIOS 26:23

Como escoria de plata echada sobre el tiesto
son los labios lisonjeros y el corazón malo.

PROVERBIOS 26:28

La lengua falsa atormenta al que ha lastimado,
y la boca lisonjera hace resbalar.

Paz

*S*ólo el hombre justo goza de paz. Si tú no tienes paz, algo no está bien dentro de ti. Mírate bien por dentro, analízate bien, trata de enmendarlo, y encontrarás paz.

JUECES 6:23

Iehová le dijo: Paz a ti; no tengas temor.

Promesa

Si no estás seguro de cumplir tu promesa, no prometas. Prometer algo y no cumplirlo quita credibilidad y respeto. Cuando tú prometas especialmente a un niño, cúmplelo.

TITO 1:2

Lo cual Dios, que no miente, prometió desde antes del principio de los siglos.

HEBREOS 10:23, 11:11

Porque fiel es el que prometió.

Integridad

El hombre íntegro es el que cumple con su palabra, el que respeta a los demás. El que sirve con fe poniendo todo su amor en sus obras, es el que habla la verdad. Es el que no juzga. Es el que es recto en sus caminos. En él confían todos los que le tratan. Sé íntegro para que te respeten.

JOB 31:6

Pésame Dios en balanza y conocerás mi integridad.

Injusticia

Para no caer en la injusticia, tendrás que amar a los demás como Dios nos dice en su palabra. La injusticia o maldad no te permitirá vivir con alegría, ni tendrás paz. La injusticia es enemiga del amor, de la ecuanimidad, de la ternura. Ella se asocia a la ofensa, al agravio, al pecado. Si eres injusto lo perderás todo, la paz, la salud y los bienes. El hombre injusto jamás triunfa.

1 CORINTIOS 6:9

Que los injustos no heredarán el Reino de Dios.

Secreto

Si alguien te confía un secreto, guárdalo. Nunca lo saques a la luz. El que confió en ti un secreto se sentiría defraudado y jamás volvería a confiar en ti, y es una verdadera vergüenza hablar de un secreto.

PROVERBIOS 25:9

No descubras el secreto a otro.

SALMOS 44:21

Porque El conoce los secretos del corazón.

Carga

Cuando tu carga sea pesada y la incertidumbre y el dolor agobien a tu espíritu y no puedas ya más con ella, entrégasela al Señor. El aliviará el peso de ella y sentirás un confort en tu alma, te hará descansar tu corazón. Todos en algún momento de la vida creemos que es insoportable la carga; sin embargo Dios nunca nos da más carga de la que podemos llevar. Sé valiente con la tuya, no reniegues de Dios. Acéptala con amor y con fe como hizo Job. Como hizo Jesús, que llevó todas nuestras cargas y sintiendo el peso del dolor no renunció jamás, pudiendo hacerlo.

NUMEROS 11:11

Has puesto la carga de todo este pueblo sobre mí.

Amargura

No dejes que se apodere de ti la amargura por los contratiempos de la vida. Esta no permitiría ver la luz que al final de la prueba está en tu camino. No pierdas la fe en ningún momento, ni pierdas el ánimo. No dejes que salga de tu boca amargura, ni maldición, ni palabras ofensivas de enojo o ira. Trata de mirar el mal rato como una prueba para tu espíritu y para tu engrandecimiento futuro.

ROMANOS 3:14

Su boca está llena de maldición y de amargura.

EFESIOS 4:31

Quítense de nosotros toda amargura,
enojo e ira.

Comunicación

Practica la bendición de saber comunicarte. Muchas veces la falta de entendimiento con los demás ocurre porque no sabemos comunicar nuestras intenciones o deseos. Aprende a dirigir tus palabras de manera que se entiendan claramente; y si en algún momento no te entendieran, siéntate con calma a aclarar tus sentimientos y tus ideas. No dejes que la incomunicación abra una brecha entre tú y los demás.

ROMANOS 1:11

Porque deseo veros, para comunicaros algún don espiritual.

Castigo

Si en algún momento te vieres obligado a castigar a tus hijos, hazlo con sabiduría, nunca con las manos, ni con golpes, ni con ofensas. Un castigo bien dirigido es una buena enseñanza; enseña al niño desde pequeño a respetar las órdenes de los mayores, los consejos de los adultos, de quienes los aman, y haz que esa disciplina sea de enseñanza.

ÉXODO 32:34

Pero yo castigaré en ellos su pecado.

Libertad

La libertad es un privilegio del cual gozamos y debemos de cuidar. Libertad no significa hacer todo lo que queremos o todo lo que pensamos, sin fronteras ni barreras. Libertad significa actuar correctamente respetando siempre el derecho ajeno. No abuses nunca de la libertad. Esta no es un pretexto para vandalizar o hacer actos rendidos con la moral. Usa el privilegio de la libertad con prudencia.

SANTIAGO 2:12

Habéis de ser juzgados por la ley de la libertad.

Acusación

El acusador generalmente acusa sus propios pecados. El Señor nos dijo: «Que aquel que esté libre de pecado tire la primera piedra». Por lo tanto abstente de acusar, a no ser que sea un crimen el cual tú has visto con tus propios ojos, un crimen que esté dañando a otras personas como las vidas o las propiedades. En ese caso eres defensor de la justicia. Pero la carga y el juicio entrégaselos a Dios y a la justicia, que se harán cargo de ellos.

HECHOS 23:30

Al ser avisado de asechanzas que los judíos habían tendido contra este hombre, al punto le he enviado a ti, intimando también a los acusadores que traten delante de ti lo que tengan contra él.

Afán

Cada día tiene su propio afán. No te afanes por el mañana porque éste pertenece a Dios y quizás no llegues a verlo. Tampoco dejes de preparar para mañana. Tus responsabilidades hazlas siempre con alegría, entusiasmo y diligencia, y con proyecto siempre hacia el futuro pero sin angustias, sin afán.

SALMOS 39:6

Ciertamente como una sombra es el hombre.
Ciertamente en vano se afana. Amontona
riquezas, y no sabe quién las recogerá.

Angustia

Si la angustia toque tu puerta, no te desesperes. Recuerda que después de cada tormenta sale el sol, que no hay dolor eterno y que después de cada prueba viene la bendición de Dios. Toma las pruebas del dolor sabiamente, confiando que Dios va a poner su mano en cada una de ellas y que jamás te desemparará si tú confías en él.

SALMOS 4:1

Respóndeme cuando clamo ¡oh Dios de mi justicia! Cuando estaba en angustia, Tú me hiciste ensanchar. Ten misericordia de mí y oye mi oración.

Eternidad

Acaso no te da alegría saber que eres eterno, que tu espíritu es indestructible y que no importa todo lo que suceda en esta vida, pues tienes la eternidad por delante. Pero para que estés en los brazos del Señor, haz las cosas hoy para que seas merecedor de una eterna felicidad.

SALMOS 45:6

Tu trono, Dios, es eterno y para siempre. Cetro de justicia es el cetro de Tu Reino.

Bendición

Bendice todas las cosas que hagas o que se te presenten en la vida, aun aquellas que ponen a prueba tu fe y aparentan ser en contra tuya. Confía siempre en Dios, él guiará tus pasos, y aun el dolor bendícelo. Bendecir significa revertir todo aquello que aun parece ser malo para nuestras vidas. Bendice a tus enemigos, tu casa, tu trabajo, tu salud, todo lo que posees, y verás el fruto de la bendición convertido en bonanza para ti y los tuyos.

GENESIS 1:22

Y Dios los bendijo, diciendo: Fructificad y multiplicaos, llenando las aguas en los mares, y multipliquen las aves en la tierra.

Aliento

Cuando sientas desaliento o veas a alguien desalentado, anímalo a seguir en sus luchas. El fracaso en los proyectos puede tener como resultado una buena lección en la vida. No dejes que te invada el desaliento. Mira dónde has fallado y cómo puedes corregirlo, anímate, avanza siempre y ayuda a aquellos que sientan desaliento. Siempre hay un mañana mejor.

COLOSENSES 3:21

Padre, Padre, no exasperéis a vuestros hijos
para que no se desalienten.

Regocijo

Todo en un balance perfecto, el regocijo es parte de la vida. Participar de aquellos eventos que puedan regocijar a tu espíritu como un paseo a la playa o al campo o juegos en los que puedas divertirte sanamente son parte del recreo del espíritu. Regocíjate cada día, por todas las bendiciones que te da. Mira las cosas buenas como la salud, la familia, el trabajo, el lugar donde estás. Trata siempre de que la llave del optimismo se refleje en tu rostro con una sonrisa de regocijo.

JOB 21:12

Al son de tamborín y guitarras saltan, y se regocijan al son de la flauta.

Paciencia

Esta es una virtud que Dios premia grandemente. La paciencia siempre da buenos frutos. Es amiga de la constancia, de la perseverancia y de la fe. Cuando tú sabes esperar es porque confías en que Dios tiene un propósito en tu vida, y el que confía nunca es defraudado.

EFESIOS 4:2

Con toda humildad nace el hombre, soportándonos con paciencia los unos a los otros en amor.

Juventud

Mi madre decía: que la niñez es pequeña, la
juventud es corta y la vejez es larga. Este refrán
encerraba una gran sabiduría. Que cuando era
joven no la entendía muy bien, y es verdad, la
niñez es pequeña, la juventud es corta y la vejez
es larga. Usa inteligentemente cada etapa de tu
vida para aprender, para mejorar, para supe-
rarte espiritualmente e intelectualmente y para
que no tengas que arrepentirte de cosas malas, y
aprovecha sabiamente cada una de esas etapas
valiosas para tu crecimiento.

SALMOS 25:7

*De los pecados de mi juventud y de mis
rebeliones no te acuerdes. Conforme a tu
misericordia acuérdate de mí por tu bondad
¡oh Jehová!*

Obediencia

La obediencia es una virtud que la poseen aquéllos que aceptan la sabiduría de sus mayores.
Obedece a los padres, maestros, jefes; siempre y
cuando las órdenes sean las correctas y justas,
no te rebeles. No permitas que tu orgullo impida
ver la necesidad de la obediencia como un acto
de sincera humildad y responsabilidad de tu
parte.

HEBREOS 5:8–9

*Y aunque era hijo por lo que padeció, envió la
obediencia, y habiéndoselo perfeccionado, vino
a ser autor de eterna salvación para todos los
que le obedecen.*

Plantar

¿Qué has plantado o qué piensas plantar en el trayecto de tu vida en este mundo? ¿Vas a dejar alguna obra realizada por ti que pueda estar al servicio de los demás y que sea útil y productiva, a sembrar un árbol, a plantar una casa, una familia? ¿Has tenido hijos, negocios? ¿Qué has hecho? ¿Tienes proyectos para el futuro? ¿Plantarás algo más adelante? No solamente quedan en preguntas, sino en obras para que te sientas satisfecho de no haber pasado inútilmente por este mundo.

SALMOS 62:12

Y tuya, oh Señor, es la misericordia, porque Tú pagas a cada uno conforme a su obra.

Prisión

Si por alguna razón cometieras una falta que te obligara a estar en prisión, no te rebeles contra la justicia que te obliga a estar en prisión, sino trata de reconocer el grave error cometido y repararlo cuanto antes. El arrepentimiento de una falta es el mejor bálsamo para curar cualquier herida.

SALMOS 107:14

Los sacó de las tinieblas y de la sombra de muerte y rompió sus prisiones.

Rescate

Si logras rescatar solamente a un alma del infierno, tendrás gracia ante los ojos de Dios. Ayuda a todo aquel que veas que está perdido en vicios y que no ha conocido ni ha tenido tampoco la oportunidad de acercarse a Dios. Señálale el camino, pues tiene un Salvador Jesús que todo lo puede.

SALMOS 136:24

Y nos rescató de nuestros enemigos, porque para siempre es su misericordia.

Oposición

Siempre que veas injusticia o algo que sea incorrecto, debes de oponerte. Defiende siempre la verdad, el honor, la responsabilidad, las buenas obras. Oponte a todo lo contrario. Resiste toda tentación maligna, pues podría tener serias consecuencias. Aprende a decir «no» a tiempo, y muéstrate fuerte y seguro en todo lo que sea contrario a las leyes divinas.

1 TIMOTEO 1:10

Para los fornicarios, para los sodomitas, para los secuestradores, para los mentirosos y perjuros, y para cuantos se opongan a la sana doctrina.

Palabra

Cuando te comprometas de palabra o de compromiso escrito, sé puntual con ellos, especialmente si te comprometes en hora determinada. No uses el tiempo de los demás sin considerar las obligaciones que puedan tener otros. Al igual es con tus pagos y obligaciones. Si pretendes que confíen en ti, sé puntual. No prometas algo que no vas a cumplir. Las promesas se cumplen o no se dicen.

ECLESIASTES 5:5

Mejor es que no prometas, y no que prometas y no cumplas.

Pensamiento

Si tú manejas bien tus pensamientos, manejarás bien tus emociones. Primero tienes que pensar para luego actuar. Un pensamiento bien dirigido es una acción bien dirigida. No hagas las cosas sin pensar adecuadamente para no tener que arrepentirte.

SALMOS 94:11

Jehová conoce los pensamientos de los hombres, que son vanidad.

Dirección

La primera y mayor responsabilidad está contigo, guía bien tus pasos para que seas ejemplo a los que te rodean. Pero cuando tengas la responsabilidad de guiar a otros, pídele a Dios sabiduría para que puedas hacerlo sabiamente.

SALMOS 5:8

Guíame, Jehová, en tu justicia, a causa de mis enemigos. Endereza delante de mí tu camino.

Gobierno

Primeramente aprende a gobernar tu casa. Si sabes llevarla adelante con sabiduría, estarás preparado para gobernar a otros. Dirigir, ordenar y mandar con autoridad requiere sabiduría y justicia. Pero si en ti prevaleciera el orgullo, la vanidad y la gloria, no podrías ser nunca un buen gobernante en ninguna área ni tendrías sabiduría para ser justo en cada una de tus acciones.

1 TIMOTEO 3:4

*Que gobierne bien su casa, que tenga a sus
hijos en sujeción con toda honestidad.*

Hambre

Hay muchos tipos de hambre: Puede ser un hambre física o un hambre espiritual. Si encuentras en tu camino al que padece hambre física, ayúdalo sin preguntas. Pero aquel que padece hambre espiritual, instrúyelo en los caminos de Dios para que salve su alma.

SALMOS 107:6–7

Entonces clamaron a Jehová en su angustia, y los libró de sus aflicciones. Los dirigió por caminos derechos para que viniesen a ciudad habitable.

Habla

Que de tu boca salgan palabras de amor, de fe, de esperanza, de justicia, de verdad. Pero si de ella salieran palabras contrarias al amor, más vale que la cierres para no tener que arrepentirte.

PROVERBIOS 12:17

El que habla verdad declara justicia.

Queja

¿Qué ganas con quejarte, acaso remedias algo?
Si algo te atormenta, habla con Dios. Preséntale
a él todas tus angustias y quejas y pídele sabiduría. El hombre quejoso no da buenos frutos.
Quítate el velo del egoísmo y del orgullo para
ver más claro y mira dónde están tus errores.

SANTIAGO 5:9

*Hermanos, no os quejéis unos contra otros,
para que no seáis condenados; he aquí, el juez
está delante de la puerta.*

Risa

Aprende a reír y a alegrar tu vida en toda ocasión que sea digna, jamás de burla. Nunca te rías de las debilidades o problemas ajenos. La risa es remedio del alma; aprende a reír de tus propios problemas y de esa manera aliviarás las tensiones que éstos ocasionan. Aprende a sonreír a todo. Una sonrisa abre las puertas e invita a la amistad.

GENESIS 21:6

Entonces dijo Sara: Dios me ha hecho reír, y cualquiera que lo oyere se reirá conmigo.

Tristeza

Si la tristeza inunda tu espíritu y tu rostro, pide a Dios discernimiento y sabiduría para saber manejarla. Hay momentos difíciles en la vida en el que el espíritu se constricta. Pero la sabiduría de Dios te hará ver que aun los momentos más difíciles son transitorios. Confía en el Señor y él se hará cargo de tu tristeza para convertirla en alegría, fe y esperanza.

ISAIAS 35:10

Y los redimidos de Jehová volverán y vendrán a Sión con alegría, y gozo perpetuo será sobre sus cabezas, y tendrán gozo y alegría, y huirán la tristeza y el gemido.

Ganancia

Que ésta sea limpia y honrada. Si tu ganancia y prosperidad causaran la pobreza o la miseria de otros, más vale que las pierdas. Dios castiga la usura. Que esa ganancia tuya se ajusta y dé trabajo honrado.

LEVITICO 25:36

No tomarás de él usura ni ganancia, sino tendrás temor de tu Dios, y tu hermano vivirá contigo.

Deseo

Es importante desear cosas útiles, productivas, de interés personal e intelectual. El crecimiento de cada individuo debe de estar basado en su deseo saludable. Si tu deseo no es empujado por la ambición desmedida, estará bien orientado. Tú tienes que desear algo primero para luego realizarlo. Si la intención de tus propósitos es conveniente, mide siempre las consecuencias de esto.

PROVERBIOS 10:24

A los justos les será dado lo que desean.

Inocencia

¿Has visto algo más bello que la inocencia de un niño? ¿Cuál es tu grado de inocencia? ¿O has sido tan maltratado en la vida que ya no crees en nadie? No por eso juzgues, ni critiques. Ni maldigas ni condenes, porque podrías estar cometiendo algo injusto contra un inocente. Déjalo en manos de Dios y trata de guardar tu inocencia para que la luz de la verdad siempre brille en ti.

JOB 33:9

Soy limpio, soy inocente, y no hay maldad en mí.

Consuelo

Si tu consuelo va con verdadero amor, seguramente dará buenos resultados. No se necesita hacer mucho alarde cuando uno va a consolar a alguien que está atravesando por una dura aflicción. Basta con ofrecer tu ayuda desinteresada y humilde, llena de afecto, de piedad y estima, confiando que Dios hará el resto.

SALMOS 86:17

Porque Tú, Jehová, me ayudaste y me consolaste.

Esclavitud

No permitas nunca ser esclavo de nadie ni de nada, especialmente el alcohol, el cigarro, las drogas, el juego y todo aquello que denigre el espíritu. Aprende a controlar tus emociones sabiamente, y si sientes alguna debilidad por alguna de estas cosas, ora pidiéndole fortaleza a Dios para que te libere de la esclavitud.

ROMANOS 8:21

Porque también la creación misma será libertada de la esclavitud de corrupción, a la libertad gloriosa de los hijos de Dios.

Excelencia

Qué lindo es hacer cada cosa en la vida con excelencia. Trata por lo menos de lograr en todas tus metas para que éstas sean excelentes. Cuantas cosas hagas o digas, que merezcan siempre y sean dignas de la mejor aprobación; para que agrades primeramente a Dios y luego a tus semejantes.

1 CORINTIOS 12:31

Procurad, pues, los dones mejores, mas yo os muestro un camino aun más excelente.

Crueldad

La crueldad es uno de los males que ha azotado a la humanidad desde tiempos muy remotos. No permitas nunca albergar en tu espíritu ningún acto, gesto o palabra de crueldad. Tu espíritu lo sentiría profundamente y el dolor que tú provoques vendría contra ti doblemente. Mide por lo tanto tu carácter, no permitas nunca que albergues ni siquiera un solo pensamiento de crueldad.

PROVERBIOS 11:17

A su alma hace bien el hombre misericordioso,
mas el cruel se atormenta a sí mismo.

Aborrecer

Es importante que aborrezcas todo lo que sea pecaminoso: los vicios, las mentiras, la vagancia, el crimen, las injusticias. Así serás libre de angustias que hacen prisionero a aquellos que están atados a esos males.

SALMOS 5:5

Los insensatos no estarán delante de tus ojos;
aborreces a todos lo que hacen iniquidad.

Creación

La creación es un don divino. Si tienes hijos ya has creado algo maravilloso, un ser que Dios te ha encomendado. Pero si no, hay muchas formas de crear positivas y útiles. Emplea tu creatividad en todo lo que sea bello y digno de ser admirado para que tu creatividad nunca sea bochornosa.

SALMOS 51:10

Crea en mí, oh Dios, un corazón limpio, y renueva un espíritu recto dentro de mí.

Burla

Aprende a nunca burlarte de nadie, ni criticar a nadie. No tienes derecho. El principio de esto se basa en que tú no eres perfecto, por lo tanto abstente de cometer ese error, pues estarías quizás burlándote de ti mismo.

GALATAS 6:7

No os engañéis. Dios no puede ser burlado: pues todo lo que el hombre sembrare, eso también segará.

Agradar

Al que primero tienes que agradar es a Dios y luego a ti mismo, ya que con tu propia persona tienes que vivir todo el tiempo. Por eso es importante que tengas presente que tus actos no sean reprochables. Que cuides de tu cuerpo al igual que lo haces con tu espíritu para que todo sea armónico y te sientas agradable para ti y para los demás. Pero por encima de todo sé agradable con tus palabras y con tus acciones.

PROVERBIOS 11:20

Abominación son a Jehová los perversos de corazón, mas los perfectos de camino le son agradables.

Expiación

Si por alguna falta que has cometido te tocare expiar alguna deuda, acéptalo con humildad y verdadero arrepentimiento del horror cometido. Pero sobre todas las cosas, procura no repetirla, y de esa forma evitarás un dolor a tu alma.

ISAIAS 53:10

Con todo eso Jehová quiso quebrantarlo, sujetándole a padecimiento. Cuando haya puesto su vida en expiación por el pecado, verá linaje y vivirá por largos días, y la voluntad de Jehová será en su mano prosperada.

Aceptación

Cuando aceptes un compromiso es importante que lo cumplas fielmente, pero nunca aceptes ninguna oferta reñida con la moral o los principios que te han enseñado tus padres. Ten cuidado con lo que aceptas, porque muchas veces pueden estar detrás de esas ofertas implicadas otras intenciones de la cual luego te podrías arrepentir. Mira bien lo que haces para no tener que enmendar luego un error. Toma tiempo y analiza.

LEVITICO 22:20

Ninguna cosa en que haya defecto ofreceréis,
porque no será acepto por vosotros.

Ciencia

En el estudio de las distintas ciencias encontrarás el conocimiento que alumbrará tu camino. Mas no te vanaglories en ella; aunque tus ciencias sean muchas, sigue siempre poniendo atención y oídos a todo lo que puedas aprender.

PROVERBIOS 19:2

El alma sin ciencia no es buena, y aquel que se apresura con los pies, peca.

Bondad

Practícala en todo momento, pero que esa bondad sea genuina, de corazón. Ten siempre misericordia, compasión de los menos afortunados, de los desterrados, de los abandonados, de los enfermos, de los ancianos, de los pobres. Que tu bondad se manifieste en actos y palabras para aquellos que sufren.

SALMOS 68:10

Por tu bondad, oh Dios, has provisto al pobre.

Prisa

En cuanto a decisiones importantes, nunca te apresures. Toma tu tiempo y analiza para no equivocarte y arrepentirte. Mientras que si en otras ocasiones depende de la premura y de tu decisión pronta para salvar una difícil situación, como es tenderle la mano a alguien que está en apuros, no lo dudes. Apresura tu paso y socórrelo.

SALMOS 38:22

Apresúrate a ayudarme, oh Señor, mi salvación.

Codicia

Cuídate mucho de no codiciar los bienes ajenos. Agradece a Dios todo lo que te da cada día. Aprende a aceptar su voluntad. Lo que sí debes de codiciar son los frutos del espíritu para enriquecerlo día a día más. Aprende a ser humilde y generoso, y codicia sabiduría de los altos, que esos son los únicos tesoros verdaderos.

1 TIMOTEO 6:9

Porque los que quieren enriquecerse caen en tentación y lazo y en muchas codicias necias y dañosas que hunden a los hombres en destrucción y perdición.

Afecto

Demuestra tu afecto a los que te rodean, especialmente a tus padres, hermanos, familiares más cercanos. Una muestra de afecto alegra el espíritu y enriquece el alma. El afecto lima las asperezas y trae alegría, gozo y paz. Toda vez que puedas dar un abrazo a tus seres queridos, hazlo con verdadero cariño y pruebas de tu amor hacia ellos. El afecto siempre es bienvenido y apreciado. No lo escatimes nunca, que de tu boca salga con facilidad un «te quiero». Practícalo desde este momento y verás el resultado gratificado que tiene.

1 CRONICAS 29:3

Además de esto, por cuanto tengo mi afecto en la casa de mi Dios.

Criar

¿Tienes hijos por criar? Sé un buen ejemplo para ellos, para que sean buenos ciudadanos mañana. La responsabilidad de una madre o un padre es muy delicada e importante en la formación y crianza de una persona. Aprende, lee, estudia para que sepas cómo criar mejor a tus descendientes.

ISAIAS 1:2

Oíd, cielos, y escucha tú, tierra, porque habla Jehová: Crié hijos, y los engrandecí, y ellos se rebelaron contra Mí.

Diligencia

No peques de perezoso, de vago; sé diligente con tus obligaciones y responsabilidades. Procura cumplir con éstas en el máximo de tu capacidad y amor. Haz lo que tengas que hacer sin pereza, sin demora. No dejes para mañana lo que debas de hacer hoy.

PROVERBIOS 13:4

El alma del perezoso desea y nada alcanza, mas el alma de los diligentes será prosperada.

Daño

Procura nunca dañar a nadie, ni sus propiedades, ni su persona a través de tu palabra. Que de tu palabra salga bondad, perdón, misericordia y amor, ya que hay muchas maneras de dañar materialmente como espiritualmente. Que no pase en tu mente ni siquiera un pensamiento maligno que pueda dañar a otros, pues el daño que hicieres tendrás que reparar con mucha amargura.

1 PEDRO 3:13

¿Y quién es aquel que os podrá hacer daño, si vosotros seguís el bien?

Favor

Qué importante es poder hacer un favor en un momento de necesidad a quien lo necesite sin preguntar «¿Por qué?» ni «¿Quién es?» Si tienes que hacer un favor, por muy pequeño que sea, no dudes nunca de hacerlo. Siempre un favor tiene sus recompensas. Sé inteligente y discierne los favores para que no cometas el error de contribuir a algo innecesario o inútil.

PROVERBIOS 11:27

El que procura el bien buscará favor, mas al
que busca el mal, éste le vendrá.

Amonestación

Si tienes que reprender o amonestar a alguien, hazlo en privado. Nunca abochornes a nadie con una amonestación que pueda herir, que pueda ser mal interpretada. Sé sabio al hacerlo pero sobre todo emplea mucho amor, ya que exhortar a alguien a que cambie su parecer a menudo es difícil. Por eso cuando tengas que hacerlo, emplea palabras firmes pero dulces, sin ofensas.

ROMANOS 15:14

Pero estoy seguro de vosotros, hermanos míos, de que vosotros mismos estáis llenos de bondad, llenos de todo conocimiento, de tal manera que podéis amonestaros los unos a los otros.

Deshonra

Todo acto deshonroso merece una condena. A veces estos actos pueden estar ocultos ante las leyes de los hombres, pero nunca lo estarán ante los ojos de Dios, que todo lo ve. Detente ante cualquier acto deshonesto. Procura nunca cometer ninguno para que no tengas luego que repararlo con amargas lágrimas de tristeza.

ISAIAS 47:3

Será tu vergüenza descubierta, y tu deshonra será vista. Haré retribución, y no se librará hombre alguno.

Consentimiento

Nunca consientas un capricho de nadie. No lo permitas. Esto traería luego consecuencias. Tampoco te hagas cómplice de alguien que esté mintiendo o haciendo daño. Consentir o permitir este tipo de cosas trae arrepentimiento y vergüenza. Consiente solamente aquello que edifica, que es agradable, que es bueno ante los ojos de Dios.

PROVERBIOS 29:15

La vara y la corrección dan sabiduría, mas el muchacho consentido avergonzará a su madre.

Gloria

Aunque seas un triunfador, no te glories de ello, ya que todo se te ha prestado. Da siempre la gloria a Dios por todos los bienes que tienes, como son los triunfos, la salud, las riquezas y la familia; no lo olvides, no son tuyos, son prestados por Dios para que los uses sabiamente. Por cada triunfo, por cada victoria ganada, dale siempre la gloria a Dios.

PROVERBIOS 25:27

Ni el buscar la propia gloria es gloria.

Hambrienta

Si encuentras alguno en tu camino que te pida pan, dáselo, no dudes en hacerlo, pero también dale amor, respeto por su propia persona. Tenderle la mano al caído es de buen hijo de Dios, y si tú lo eres no pases de largo, ya que es una oportunidad que Dios te está dando de glorificarse a través de tu obra.

JOB 5:5

Sus mies comerán los hambrientos, y la sacarán de entre los espinos, y los sedientos beberán su acendra.

Necedad

La necedad crea problemas, ya que es hermana gemela de la insensatez. Actúa con prudencia y sabiduría. No permitas que la necedad invada tu vida. El hombre fatuo, necio o insensato es visto con malos ojos. Si quieres ser digno de respeto, busca siempre el camino recto, que es el único que te lleva a la paz.

PROVERBIOS 10:1

Pero el hijo necio es tristeza de su madre.

Paciencia

La paciencia es el privilegio de los sabios. Te permitirá lograr aquellas cosas que si no tuvieras esta virtud, las perderías. No pierdas la paciencia. La paciencia es hermana y amiga de la fe. Si tú obras sensatamente y con amor, lograrás con paciencia todos tus propósitos.

ROMANOS 5:3-4

Y no sólo esto, sino que también nos gloriamos en la tribulación, sabiendo que la tribulación produce paciencia. Y la paciencia, prueba, y la prueba, esperanza.

Confianza

Nunca defraudes a quien confíe en ti. Cuando des tu palabra, mantenla. Por eso, piensa siempre que cuando prometas algo vas a cumplirlo, para que tu palabra sea de confianza. Actúa respetando siempre a los demás, cumple con tu deber y tu obligación; tu pacto, que sea de confianza. La confianza es fe y seguridad en la persona que se deposita. Si han depositado en ti este regalo, nunca por ninguna razón lo defraudes.

PROVERBIOS 3:26

Jehová será tu confianza y El preserva tu pie.

JEREMIAS 17:7

Bendito el varón cuya confianza es en Jehová.

Compañía

Cuando acompañes a alguien, que tu compañía sea grata, de bendición, y que sepas compartir tanto penas como alegrías, triunfos como fracasos. Si acompañas a alguien en el dolor, anímalo, aliéntalo y ayúdalo a sentirse seguro. Si acompañas a alguien por su soledad, estás haciendo una obra que Dios te la compensará. Aprende también a elegir tu compañía. Sé selectivo con quién te acompaña. Recuerda el viejo dicho «Dime con quién andas y te diré quién eres».

HECHOS 10:23

Entonces haciéndoles entrar, los hospedó, y al día siguiente, levantándose se fue con ellos, y le acompañaron algunos de los hermanos de Joppa.

Altivez

La altivez es hermana del orgullo, de la soberbia y de la arrogancia. Pide a Dios que te libre de este horrible defecto, ya que la persona altiva no es bien mirada ni apreciada y siempre va acompañada del dolor y la tristeza. Sé humilde de corazón y aprende a reconocer que somos tan pequeños y a la vez tan grandes, cuando hay humildad.

SALMOS 10:4

El malo, con la altivez de su rostro, no busca a Dios. No hay Dios en ninguno de sus pensamientos.

Agravio

Si en un momento de tu vida te sientes agraviado por alguien, olvida esa ofensa. Déjasela a Dios. Si alguien te afrenta de forma injusta, sin tener la razón, perdónalo, no sabe lo que hace. Pero si en algún momento la ira enciende tu rostro y agravias a alguien, trata de controlar tu lengua y tus actos, para luego no tener que pedir perdón.

SALMOS 52:2–3

Agravios maquina tu lengua, como navajas afiladas el engaño. Amaste el mal más que el bien. La mentira más que la verdad.

SALMOS 52:7

He aquí el hombre que no puso a Dios por su fortaleza.

Conciencia

¿*T*u conciencia te ha reclamado alguna vez? Ese es tu *yo* divino que está señalándote el camino correcto. Escucha tu conciencia, analiza tus actos. Si algo te reclama, procura enmendarlo lo antes posible. No lo dejes para mañana. Detente. Piensa. Analiza y repara aquello que tu conciencia te recrimina.

ROMANOS 9:1

Verdad digo en Cristo, no miento, y mi conciencia da testimonio en el Espíritu Santo.

Ignorancia

Es la madre de todos los males. Por eso, es tan importante aprender, estudiar y analizar objetivamente todo. Pide a Dios discernimiento para aquello que no entiendes. La ignorancia nos hace tropezar, caer y lastimar. Ocasiona mucho dolor. Por eso, trata siempre de pedir la sabiduría de lo alto, para que tus acciones estén siempre tomadas con sabiduría.

HECHOS 3:17

Mas ahora, hermanos, sé que por ignorancia lo habéis hecho, como también vuestros gobernantes.

Imitación

Si no sabes crear algo por ti mismo, imita solamente lo bueno. Recuerda que nunca fueron buenas las segundas partes, por lo tanto, te invito a que seas creativo en tu vida.

EFESIOS 5:1

Sed, pues, imitadores de Dios como hijos amados.

Hermosura

Si eres bendecido con la hermosura física, no te vanaglories, pues es transitoria. Agradece a Dios el regalo de la hermosura, pero la más bella de todas y la real hermosura, reside en el espíritu. Esta brilla eternamente como el sol. Y nunca se apagará porque no es transitoria.

PROVERBIOS 31:30

Engañosa es la gracia y vana la hermosura.

Juramento

Más vale que te abstengas de jurar, si no piensas cumplir con tu palabra de juramento o si estás haciendo juramentos sobre mentiras. Esto implica una responsabilidad y obligación muy grande, ante los hombres y ante Dios. El juramento es más que un testimonio de sí, es más que un documento firmado. Si no te sientes seguro... nunca jures.

Genesis 21:23

Ahora, pues, júrame aquí por Dios, que no faltarás a mí, ni a mi hijo, ni a mi nieto, sino conforme a la bondad que yo hice contigo, harás tú conmigo y con la tierra en donde has morado.

Triunfos

Los mayores triunfos serán sobre tus defectos. Al conocerlos y enmendarlos, habrás logrado un gran triunfo, ya que ésas son las verdaderas riquezas del espíritu. Los triunfos sobre nuestras debilidades y pequeñeces son los únicos que merecen premios ante los ojos de Dios y también de los hombres.

2 Corintios 2:14

Mas a Dios, gracias, en el cual nos lleva siempre en triunfo en Cristo Jesús, y por medio de nosotros manifiesta en todo lugar el olor de su conocimiento.

Sabiduría

Sabio es aquel que reconoce sus pequeñeces ante lo grande de la creación y la sabiduría de Dios y humildemente acepta sus limitaciones no creyendo en su poder, que es sólo pequeño y limitado.

1 REYES 4:29

Y Dios dio a Salomón sabiduría y prudencia muy grandes, anchura de corazón y una mente tan amplia y dilatada como la arena que está a la orilla del mar.

Herencia

La mejor herencia que puedes recibir es aquella que te enseña el verdadero camino hacia Dios, como son los principios morales para una vida llena de bendiciones. Si tu herencia es material, cuídala porque seguramente fue hecha con mucho esfuerzo y sacrificio. Aprende a administrar los bienes que te han regalado.

SALMOS 16:6

Las cuerdas me cayeron en lugares exitosos y es hermosa la heredad que me ha tocado.

Lamentación

El hecho de lamentar un contratiempo, un problema, no va a hacer que se resuelva. Tómalo como una lección de la vida. De aquellos inconvenientes que contritan tu corazón, y por muy malo que se vea el panorama, siempre hay una puerta de salida. No lamentes la pérdida de riquezas. Hay otros valores materiales a los cuales ponemos toda nuestra mente y corazón, y éstos se pueden reponer. Lamentarse muestra falta de fe en Dios. Deposita en él tu fe y pronto verás que el lamento se va a convertir en alegría.

LAMENTACIONES 3:39

¿Por qué se lamenta el hombre viviente?
Lamentándose el hombre, es su pecado.

Maldición

Nunca maldigas por nada ni por nadie. Toda maldición va envuelta en desgracias y tragedias. No importa lo que suceda en tu vida. Aun las cosas terribles bendícelas para que se conviertan en bien, en provecho, en triunfos. Recuerda que el bien siempre puede más que el mal. Por lo tanto, llena tu vida de bendiciones en cada momento, en cada palabra, y verás la gloria de Dios derramarse abundantemente en todo lo que hagas.

SALMOS 109:17

Amó la maldición y hasta la sobrevino, y no quiso la bendición. Y ella se alejó de él.

Ejemplo

Ser un modelo de ejemplo en cada una de las áreas de tu vida, no sería fácil, ya que esto implica reconocer nuestras debilidades y defectos, pero lo más importante de todo es poner el mayor esfuerzo en cada cosa que hagas. Ten la mejor buena voluntad, la mejor buena disposición y el mejor de los ánimos para que seas ejemplo de responsabilidad y seriedad en tus cosas.

TITO 2:7-8

*Presentándote tú en todo como ejemplo de
buenas obras, mostrando integridad, seriedad,
palabra sana e irreprochable, de modo que el
adversario se avergüence y no tenga nada malo
que decir de vosotros.*

Conflicto

Nunca apoyes el conflicto. Siempre trae destrucción, dolor, pérdida y miseria. Sé un servidor de la paz, de la unión del amor y del perdón.

SALMOS 55:17-18

Tarde y mañana y a mediodía oré y clamé. Y él ha oído mi voz. El redimirá en paz mi alma de la guerra contra mí, aunque contra mí haya muchos.

Fiador

No te fíes nunca en garantizar deuda de otros,
ya que en muchas ocasiones tendrás que seguir
pagándolas tú. Si estás dispuesto a pagar las
deudas de los demás, hazlo, pero ten presente
que ésa es una responsabilidad tuya también.
Por lo tanto servir de fiador es un compromiso
que otros tienen contigo, pero a su vez que tú
tienes también.

PROVERBIOS 11:15

*Con ansiedad será afligido el que sale de fiador
de un extraño, mas el que aborreciere las
fianzas vivirá seguro.*

Linaje

Tú eres linaje divino por herencia. Has ganado la batalla entre cuarenta y ocho millones de cromosomas. Tú estás hecho por el amor, por la gracia divina. Tú lo posees todo y eres dueño de todo. Todo lo que existe te pertenece. Todo lo bueno es tuyo, no hay nadie más poderoso que tú para controlar tu vida, tu inteligencia. Eres la misma creación de Dios y él te ama y te ha transmitido su poder. Has tomado autoridad sobre tu vida, sobre tus asuntos, sobre tu salud, tus finanzas, tu familia. Tú eres el único responsable y tienes el poder para restaurar todas las áreas que estén afectadas; has sido elegido por la gracia de Dios. Estás vivo. Tú puedes lograr todo lo que te propongas.

HECHOS 17:26

Y de una sangre ha hecho todo el linaje de los hombres para que habiten sobre toda la faz de la tierra, y les ha prefijado el orden de los tiempos y los límites de su habitación.

Sueños

Soñar no tiene límites. Sueña cosas grandiosas, maravillosas. Sueña salud, prosperidad, armonía, paz, bienestar, abundancia de dones. Para crear tienes que soñar. Sueña bien grande, no tienes límites. Si otros lo hacen porque tú no lo puedes hacer, ¿acaso seas menos que otros? ¡No! Tú tienes las mismas oportunidades y posibilidades. No permitas que el temor arruine tus sueños, tus esperanzas, tus ilusiones. El triunfo es de los valientes. Tú tienes sabiduría y fortaleza, y si no las tienes, pídelas, que Dios te las va a dar.

ECLESIASTES 5:12

Dulce es el sueño del trabajador, coma mucho, coma poco, pero al rico no le deja dormir la abundancia.

Buscando tu huella
Maritza Barton

Cuando cansada mi alma de ambular por este
    mundo
busqué tu presencia irremplazable,
se llenaron de fragancias y perfumes mis
    caminos,
haciendo el paso del destino más ligero y
    saludable.

Cuando consulté a tu sabiduría
y me dejé dirigir por ella,
siguiendo cada una de tus huellas,
no hubo tropiezo en el camino.

Cuando no sea yo, sino tú quien habla,
brotarán alegrías, no tristezas.
Entonces no agacharé mi cabeza
con vergüenza arrepentida.

No estaré tan dolorida,
si en tu amor sólo hay tibieza
y en tus alas me cobijo,
como lo hizo Jesús, tu hijo,
sin orgullo, sin tristeza,
sabiendo por seguro
su premio merecido,
por humilde y obediente,
quiero ser sobresaliente
de estas pruebas en el camino.